진실이란 무엇일까요?

이 책은 프랑스 낭테르 시 어린이들과 오스카 브르니피에 선생님의
철학적 대화를 담은 책입니다.

C'EST QUOI, LA VÉRITÉ?

Written by Oscar Brenifier
Illustrated by Zelda Zonk

Copyright 2022. by Éditions Nathan - Paris, France.
Édition originale : C'EST QUOI, LA VÉRITÉ?

Korean Translation Copyright © 2022 Max Education(Sangsuri) Publishing
Korean Edition is published by Max Education(Sangsuri) Publishing
with arrangement through Pauline Kim Agency, Seoul, Korea.

본 저작물의 한국어 판권은 Pauline Kim Agency를 통해 Éditions Nathan사와 독점 계약으로
(주)맥스교육(상수리)에 있습니다. 한국 내에서 저작권법에 따라 보호를 받는 책이므로
무단 전재와 무단 복제를 금합니다.

상수리 출판사 상수리

상수리나무는 가뭄이 들수록 더 깊게 뿌리를 내리고
당당하게 서서 더 많은 열매를 맺습니다.
숲의 지배자인 상수리나무는 참나무과에 속하고, 꿀밤나무라 불리기도 합니다.
성경에 아브라함이 세 명의 천사를 만나는 곳도 상수리나무 앞이지요.
이런 상수리나무의 강인한 생명력과 특별한 능력을 귀히 여겨
출판사 이름을 '상수리'라고 했습니다.
우리 어린이들에게 상수리나무의 기상과 생명력을 키우는
좋은 책을 계속 만들어 가겠습니다.

철학하는 어린이 11

진실이란 무엇일까요?

글 | 오스카 브르니피에
그림 | 젤다 종크
옮김 | 김아람

# 우리는 왜 질문을 할까요?

어린이는 온갖 종류의 질문을 합니다. 그 중에는 아주 중요한 질문도 있죠.
이런 질문들에 어떻게 대답해야 할까요?
부모님과 선생님이 대답해 주어야 할까요?
왜 부모님과 선생님이 어린이 대신 대답해야 할까요?

물론 이 책에서 부모님과 선생님의 대답을 제외시키려는 건 아니에요.
왜냐하면 부모님과 선생님의 대답이 어린이를 도울 수 있으니까요.
그렇지만 어린이 스스로 생각하고 스스로 판단하면서 자립심을 키워서 책임감을 갖게 하는 것이 더욱 바람직합니다.

〈철학하는 어린이〉 시리즈에서는 각각의 질문마다 다양한 대답이 나옵니다.
분명한 대답도 있고, 애매하거나 놀라운 대답도 있고, 황당한 대답도 있지요.
이런 대답은 또 다른 질문을 하게 만듭니다. 왜냐하면 생각이란 끝을 모르는 길이니까요.
어쩌면 이 길 끝에서 만나는 마지막 질문에는 대답할 수 없을지도 모릅니다.
차라리 그게 더 나을 수도 있어요.
꼭 대답할 필요는 없으니까요.
어떤 질문은 단지 물음이 나온 것만으로도 좋을 수 있답니다.

아름다운 질문이든 의미와 가치를 지닌 질문이든 질문은 그 자체로 사랑스럽습니다.
삶, 사랑, 아름다움 또는 선함도 항상 이렇게 질문으로 남게 되겠지요.
그렇지만 답을 찾아가는 동안 그 윤곽이 드러나게 될 거예요.
그 과정에서 질문은 우리를 깨우치는 진정한 친구라는 걸 알아차리게 되죠.
어린이뿐만 아니라 부모님과 선생님에게도 도움이 될 거라고 자신있게 말할 수 있어요.

오스카 브르니피에

추천의 글

마음의 중심을 키워 주는
보물 같은 어린이 철학 책

우리는 의외로 자신을 과소평가합니다. 생각해 보면 한 인간을 만들기 위해서 우주는 헤아릴 수 없이 긴 억겁의 시간을 기다렸고 지구는 45억 년을 돌았습니다. 한 존재가 태어나기까지의 과정을 추적한다면 누구나 분명히 고백할 수 있습니다. '나'는 이 땅에 온 별이라고.

그런데 그 별이 빛을 잃고 돌이 되는 건 바로 '나' 때문입니다. 사회심리학자이면서 철학자인 에리히 프롬이 그랬습니다. "인간을 낙원에서 추방할 수 있는 자는 오로지 인간뿐"이라고. 우리는 너무 쉽게 우리 자신을 깎아내려서 스스로를 낙원에서 추방한 것이지요. 지금 가난하다고, 당장 일자리가 불안하다고, 더 이상 젊지 않다고, 학벌이 별로라고, 스스로 콤플렉스를 만들면서 45억 년 세월이, 억겁의 세월이 우리를 낳은 까닭을 잊고 살아왔습니다.

〈철학하는 어린이〉 시리즈는 우리가 만든 콤플렉스 때문에 우리가 놓친 삶의 가치를 다시 생각할 수 있도록 해 줍니다. 진짜 아름다움은 어떤 건지, 행복은 어디에 있는지, 우리는 왜 자유를 추구하는지, 함께 존재한다는 것의 의미는 무엇인지, '생각' 하게 만듭니다. 생각이란 걸 해 보면 우리 마음속에 얼마만한 보화가 있는지 스스로 놀라게 됩니다.

처음에는 이 책을 별 생각 없이 펼쳤습니다. 그러다 놀랐습니다. '아니, 프랑스 어린이들은 어렸을 적부터 이렇게 스스로 생각하는 훈련을 받나!' 싶어서 말입니다. 어렸을 때부터 이렇게 성찰의 논리를 배워 익힌다면 살면서 무슨 일이 생겨도 '세상을 탓하지 않고 마음의 중심을 키워갈 수 있겠구나!' 싶었습니다.

〈철학하는 어린이〉 시리즈는 내 마음의 보물 창고를 향해 첫발을 내딛게 하는 책입니다. 이 책을 통해서 생각의 춤을 추게 되면 스스로 또 다른 방식의 춤을 추는 법도 익히리라 믿습니다.

수원대학교 교양대학 교수 이 주 향

차 례

1. 무엇이 진실인지 어떻게 알 수 있나요? … 8

2. 우리는 항상 진실을 말할 수 있을까요? … 24

3. 거짓말도 쓸모 있을 때가 있나요? … 38

4. 진실은 모두에게 같은 걸까요? … 54

5. 사람들은 항상 진실만을 말할까요? … 68

6. 우리의 상상은 사실일까요? … 84

무엇이 **진실**인지
어떻게 알 수 있나요?

무엇이 진실인지 어떻게 알 수 있나요?

14

나는 꽃 향기를 맡고,
꽃을 보고, 만지며,
그것이 진짜라는 것을 압니다.

그럼 모든 사실을 냄새 맡고, 보고,
만질 수 있을까요?

무엇인지 모른 채 냄새 맡고,
보고, 만질 수 있을까요?

전기가 진짜인지 알기 위해
감전되어 봐야 할까요?

플라스틱 꽃은 가짜인가요?

무엇이 진실인지 어떻게 알 수 있나요?

생각하는 데 도움이 되는 두뇌 덕분이에요.

감각보다 두뇌를
더 믿어야 할까요?

우리의 두뇌가 생각하는 데만
도움이 되나요?

열심히 생각하고도
틀릴 수 있나요?

생각하지 않고도
진실을 알 수 있을까요?

무엇이 진실인지 어떻게 알 수 있나요?

이 코끼리는 진짜예요.
내가 사진에서 봤어요.

사진으로 찍힌 적이 없는 공룡은
가짜일까요?

분홍 코끼리의 사진이
가짜라면요?

사진 속의 코끼리를 보는 것만으로
코끼리를 제대로 알 수 있을까요?

사진이 실물을 정확하게
비춰줄까요?

무엇이 진실인지 어떻게 알 수 있나요?

진실을 알아내기 위해서는 증거가 필요해요.

증거가 확실한지 어떻게
알 수 있죠?

모순된 증거를 제시한다면
어떻게 하죠?

수업 시간에 항상 선생님에게
증거가 있는지 물어보나요?

부모님이 우리를 사랑하는 걸
증명해야 하나요?

무엇이 진실인지 어떻게 알 수 있나요?

나는 공룡이 정말로 멸종했다는 걸 알고 있어요. 우리 모두가 아는 사실이기 때문이에요.

모두 다 알고 있나요?

모든 사람이 사실이라고 말해야 진실이 될까요?

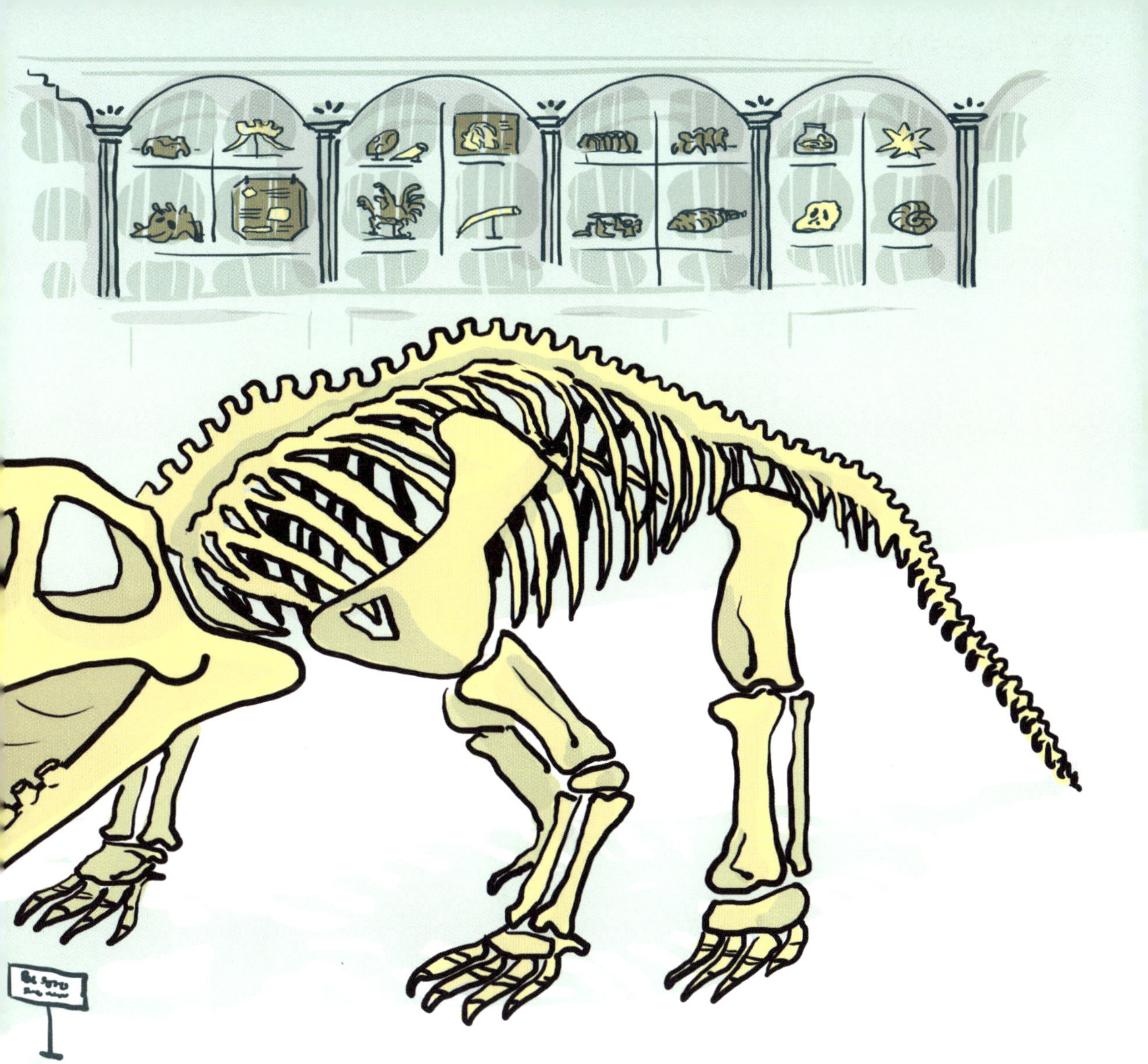

모두가 틀릴 수 있을까요?
그리고 틀린 걸 반복할 수 있을까요?

아무도 모르는 진실들이
있을까요?

무엇이 진실인지 어떻게 알 수 있나요?

잠에서 깨면,
내 꿈은 거짓이고 현실의 삶이
진짜라는 것을 알아요.

깨어나는 꿈을
꿀 수 있을까요?

가끔
깨어 있을 때도
꿈을 꾸지 않나요?

꿈도 삶의
일부가 아닐까요?

꿈이 삶보다
덜 현실적으로 보이는
이유는 무엇일까요?

무엇이 진실인지 어떻게 알 수 있나요?

"재밌는 질문이야!"라는 생각이 들 거예요.
사실은 사실이기 때문에 모두가 알고 있습니다.
눈, 코… 그리고 생각할 수 있게 돕는 두뇌는 우리에게 참과 거짓을 구별할 수 있도록 증거를 제공해 줍니다.
그러나 우리의 감각은 우리를 속일 수 있어요.
마음도 우리를 현실에서 멀어지게 만들 수 있어요.
그럼 '이 세상은 단지 환상일 뿐일까?' 하고 걱정할 수 있겠죠.
섣부르게 확신하지 않음으로써 우리는 질문하는 법을 깨우치고, 증거를 넘어서는 법을 배웁니다. 이것이 진실을 찾는 첫 걸음이 아닐까요?

스스로에게 이런 질문을 하는 건…

··· 진실을 구별해내는 방법을 찾기 위해서랍니다.

··· 하나 이상의 진실이 있는지 스스로에게 물어보기 위해서랍니다.

··· 다른 사람의 진실에 의문을 품어보기 위해서랍니다.

··· 진실은 때로는 알기 어렵다는 것을 이해하기 위해서랍니다.

우리는 **항상 진실을** 말할 수 있을까요?

우리는 항상 진실을 말할 수 있을까요?

아니요, 우리가 느끼는 걸 이해하기도 어렵고 말하기도 어려워요.

여러 감정들 가운데 더 알기 쉬운 감정이 있을까요?

내 감정보다 다른 사람의 감정을 이해하기가 더 쉬울까요?

우리가 느끼는 감정들을 항상 이해할 수 있나요?

우리가 느끼는 걸 말하고 나면 좀 더 이해하기 쉬워질까요?

우리는 항상 진실을 말할 수 있을까요?

아니요, 우리가 틀릴 수도 있어요.

내 생각을 표현하려면
꼭 옳다고 확신해야만 하나요?

무엇이 진실인지 알기 위해
꼭 찾아보고 실수를 해봐야 할까요?

만약 진실이라고 믿고
말한 것이 틀렸다면요?

틀린다는 것은 심각한 건가요?

우리는 항상 진실을 말할 수 있을까요?

아니요, 우리는 모든 것을 다 알지 못해요.

모든 걸 다 아는 사람도 있을까요?

우리는 각자 진실의 한 조각을
갖고 있는 건 아닐까요?

학자는 항상 진실만 얘기할까요?

표현할 권리를 가지려면 모든 것을
알아야 할까요?

우리는 항상 진실을 말할 수 있을까요?

네, 우리는 말을 만들어서 존재하는 모든 것들에 이름을 붙여 주었으니까요.

거짓말도
말로 하지 않나요?

만들어 낼 말이 더이상
없을까요?

진실을 전하기 위해
말이 꼭 필요할까요?

말 못 하는 아기나 동물들은
진실을 표현하지 못할까요?

우리는 항상 진실을 말할 수 있을까요?

아니요, 내가 아직도 가끔 오줌을 싼다는 건

부끄러워서 절대 말 못 해요.

가짜라 해도 예쁜 자신의 모습을
보여 주고 싶지 않나요?

고민은 숨겨야 할까요?
아니면 공개해야 할까요?

뭔가를 감춘다면
그건 거짓말이 되는 건가요?

진실을 말하려면
용기를 내야 할까요?

우리는 항상 진실을 말할 수 있을까요?

진실을 말하려면 진실을 구별해 내고, 진실을 받아들이는 방법을 알아야 합니다!

하지만 변덕스러운 감정과 기분은 어떻게 하죠?
기분을 바꾸기도 감정을 이해하기도 어렵나요?
부끄러움이나 창피함은 깊숙이 숨기고 있는 우리 속마음을 드러내지 못하게 해요. 꽁꽁 숨기게 만들지요. 물론, 말로 해야 하겠지만, 말에는 큰 힘이 없다고 느낄 때도 있어요.
가끔은 진실을 말할 만큼 우리가 충분히 배우지 못했다고 생각해 두려워하기도 해요. 우리는 틀리는 걸 두려워해요. 그런 다음 침묵을 선택하지요. 진실이 너무 커서 다 말할 수 없기 때문일까요?

스스로에게 이런 질문을 하는 건…

… 진실이 말로만 표현되는 것이 아님을 깨우치기 위해서랍니다.

… 모든 것을 항상 말해야 하는지 스스로에게 물어보기 위해서랍니다.

… 어떤 사람이 다른 사람보다 진실을 잘 말할 수 있는지 알아보기 위해서랍니다.

… 모든 것을 다 알 수는 없다는 걸 받아들이기 위해서랍니다.

거짓말도
쓸모 있을 때가 있나요?

거짓말도 쓸모 있을 때가 있나요?

내가 어리석은 일을

그 거짓말 또한
잘못이 아닐까요?

벌이 무서워 잘못하지 않으려고
노력하나요?

야옹?

했을 때 벌받지 않으려고요.

나 대신 누군가가
벌을 받기를 원하나요?

자신의 잘못을
인정해야 하지 않을까요?

거짓말도 쓸모 있을 때가 있나요?

예의 바르기: 이웃 아저씨가 못생긴 게 사실이어도 못생겼다고 말하지 말아야 해요.

예의 바른 사람은 거짓말쟁이일까요? 아니면 공손한 걸까요?

이웃이 예의 있기를 바라서 예의 바르게 행동하나요?

예의 바르게 행동하는 것과 진실을 말하는 것 중 어떤 쪽을 선호하나요?

예의 바르면서 정직할 수 있을까요?

거짓말도 쓸모 있을 때가 있나요?

심술 부리기:
사실이 아닌데도 친구에게 못생겼다고 놀려요.

심술이 나서 그랬을까요?
나쁜 사람이 되기로 한 걸까요?

친구는 서로에게 상처를 주지 않고
진실을 말하는 사이 아닐까요?

누군가 내게 거짓말을 하면
왜 상처를 받을까요?

무엇이 더 큰 상처가 될까요?
진실일까요? 거짓말일까요?

거짓말도 쓸모 있을 때가 있나요?

현실을 꾸밀 필요가
있을까요?

예술가들은
거짓말쟁이일까요?

현실을 꾸미기 위해서예요.

못생긴 건
숨겨야 하나요?

현실을 똑바로 보는 법을
배워야 할까요?

거짓말도 쓸모 있을 때가 있나요?

듣기 좋은 말을 해 주면서 모든 사람과 잘 지내고 싶어서예요.

모든 사람과 잘 지낼 수 있을까요?

반대하며 다른 의견을 말하면 큰일 날까요?

잘 살기 위해서 우리는 논쟁하지 말아야 할까요?

누군가 내게 거짓말하는 것과 진실을 말하는 것 중 어느 쪽을 더 좋아하나요?

거짓말도 쓸모 있을 때가 있나요?

부모님이 걱정하지 않도록 하기 위해서예요.

거짓말을 하면 부모님이
더 걱정하지 않을까요?

부모님을 보호하는 것이
자녀의 역할일까요?

부모님이 자녀를
걱정하시는 게 맞지 않나요?

걱정 때문에 진실을 바로 보지
못하는 건 아닐까요?

거짓말도 쓸모 있을 때가 있나요?

어릴 때부터 부모님은 우리에게 이렇게 가르치시죠.

어릴 때부터 부모님과 모든 사람은 우리에게 이렇게 가르치시죠.
"거짓말은 잘못된 거야. 거짓말을 해서는 안 돼!"
이해는 할 수 있어요!
허튼 소리를 하지 않으면 걱정할 일들이 생기지 않지요.
그런 다음, 예의 바르게 행동하고, 상처를 주는 말이라면 비록
사실일지라도 절대 말하지 않는 거예요! 함께 행복하게 살기 위해
버릇없고 불친절한 생각과 행동들을 지우려고 노력해요. 마치 지우개로
지우듯이 생각 속에서 지워버리는 것이지요.
하지만, 우리가 과연 끊임없이 친절할 수 있을까요?
오히려 우리가 완벽하지 않다는 것을 인정함으로써 더 정직해질 수
있지는 않을까요?

스스로에게 이런 질문을 하는 건…

… 다양한 형태의 거짓말을
이해하기 위해서랍니다.

… 정직이 무엇을 의미하는지
스스로에게 물어보기 위해서랍니다.

… 거짓말도 삶의 일부라는 사실을
받아들이기 위해서랍니다.

… 진실과 마주보려면 용기가 필요하다는
것을 받아들이기 위해서랍니다.

진실은 모두에게 같은 걸까요?

진실은 모두에게 같은 걸까요?

아니요, 어떤 아이들은 산타클로스가 진짜라고 믿고 어떤 아이들은 가짜라고 말해요.

믿지 않는 것이 문제가 될까요?

어떤 아이들은 산타클로스를 믿고 어떤 아이들은 믿지 않는다는 사실을 받아들여야 할까요?

부모님이 산타클로스가 진짜라고 말하는 건 거짓을 말하려는 걸까요?

때로는 거짓을 믿을 필요가 있을까요?

진실은 모두에게 같은 걸까요?

네, 우리 모두는 먹어야 해요.

살기 위해 먹는 것으로
충분할까요?

어째서 누군가는 충분히
먹지 못하는 걸까요?

먹는 것은 필요하기 때문인가요?
즐겁기 위해선가요?

너무 많이 먹어서
힘들어질 위험은 없을까요?

진실은 모두에게 같은 걸까요?

진실은 시대와 장소에
따라 변할까요?

학자들이 진실을 밝혀내려면
시간이 필요할까요?

아니요, 옛날엔 지구가 피자처럼 평평하다고 생각했어요.

진실

시간이 지남에 따라 진실이
변한다는 것을 받아들여야 할까요?

시간이 지나면 중요한 진실들을
잊어버릴 수 있을까요?

진실은 모두에게 같은 걸까요?

아니요, 학자들끼리도 서로 의견이 달라요.

학자들 역시 능력이 부족하거나
한계가 있지 않을까요?

학자들은 진실만을 말할까요?
아니면 자신의 생각을 옹호하려고 할까요?

누가 진실을 주장할까요:
학자 혹은 예술가?

어떤 것이 진실이 되려면
모든 학자가 동의해야만 할까요?

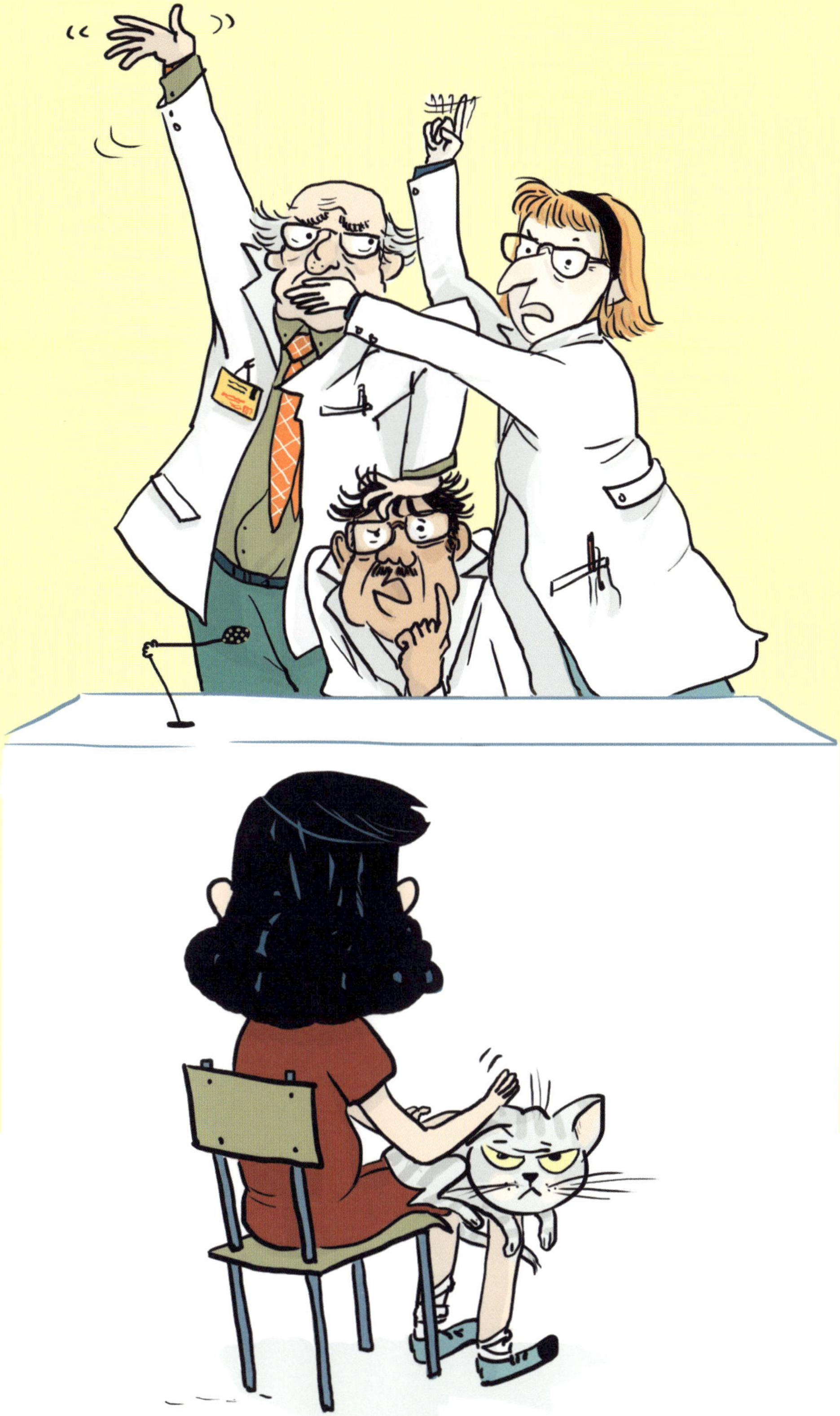

진실은 모두에게 같은 걸까요?

고양이가 사람의 방식대로 세상을 보지 않는다는 걸 어떻게 알 수 있을까요?

우리가 고양이처럼 세상을 볼 수 있을까요?

아니요, 고양이는 나처럼 세상을 보지 않아요.

세상을 보는 우리의 관점이
고양이의 관점보다 더 진실할까요?

고양이가 우리에게
진실을 알려줄 수 있을까요?

진실은 모두에게 같은 걸까요?

**시대가 변하면서 지식도 발전하여,
사람들은 점점 더 많은 걸 분명하고 구체적으로 알게 됩니다.**

오늘 우리가 알게 된 것은 때로는 어제 배운 것과 모순되기도 합니다.
지구에는 서로 다른 신념과 문화가 있습니다.
어린이, 어른, 소년, 소녀, 예술가, 과학자 등 사람들은 각각 다른
방식으로 현실을 이해합니다.
하지만 서로 다른 우리가 모여서 사회를 만들지요. 사람들은 서로
다른 생각을 하면서도 입증된 사실을 근거로 대화를 나누며 점차
공통된 진실을 쌓아 나갑니다. 우리가 함께 사이좋게 사는데 도움이
될 진실은 어떤 것들일까요?

스스로에게 이런 질문을 하는 건…

… 너그러운 마음으로
서로를 공손하게 대하는 방법을
생각해 보기 위해서랍니다.

… 자신에게 옳은 것과
모든 사람에게 옳은 것이 무엇인지
구별해 보기 위해서랍니다.

… 진실은 돌덩이처럼
딱딱하게 굳은 게 아니라는 것을
받아들이기 위해서랍니다.

… 진실은 아주 오랫동안
밝혀내야 할 수도 있다는 것을
이해하기 위해서랍니다.

사람들은 **항상**
진실만을 말할까요?

사람들은 항상 진실만을 말할까요?

야아아아!

거짓도 참일 수 있을까요?

항상 참과 거짓 사이에서 선택해야 할까요?

잘 모르겠어요,
나는 무엇이 참이고 무엇이 거짓인지
구별하기 힘들어요.

구별하는 게 어렵나요? 아니면
선택하지 않는 것을 더 좋아하나요?

진실은 항상
중요할까요?

사람들은 항상 진실만을 말할까요?

부모님과 나를 사랑하는 사람들은

항상 나에게 진실만을 말해 주지요.

사랑은 눈을 멀게 만드나요?

사랑을 위해 우리는
거짓말을 할 수 있을까요?

누군가를 사랑해야만
그 사람 말을 믿을 수 있나요?

사이가 좋지 않은 사람들은
늘 틀린 말만 하나요?

사람들은 항상 진실만을 말할까요?

네, 학교에서 우리는 옳은 것만 배우니까요.

만약 선생님이 잘못 알고 가르치셨다면요?

우리는 모두 똑같은 것을 배워야 할까요?

부모님과 선생님이 서로 의견이 다를 때
누가 진실을 말하고 있는 걸까요?

배우지 않고도
진실을 알 수 있을까요?

사람들은 항상 진실만을 말할까요?

어린이를
속이기는 쉬울까요?

형은 재미로 거짓말을 하는 걸까요?
아니면 놀리려고 그러는 걸까요?

우리 형은 나에게
괴상한 이야기 하는 것을
좋아해요.

형은 항상
진지해야 하나요?

형의 이야기 덕분에
속지 않는 법을 알게 되었나요?

사람들은 항상 진실만을 말할까요?

우리는 뭔가 바라고 친구에게
사탕을 주기도 하나요?

만약 친구가 거짓말을 한다면,
사탕을 줘야 할까요?

내 친구는 사탕을 받고 싶어서 듣기 좋은 말을 해요.

친구에게 못된 말이지만
진실을 얘기해 주는 게 나을까요?

원하는 것을 얻기 위해
거짓말을 해도 될까요?

사람들은 항상 진실만을 말할까요?

우리는 모든 사람을
믿어야 할까요?

그것은 믿음일까요,
아니면 어리석음일까요?

나는 사람들을 믿어요,
사람들이 내게 거짓말을 할
이유가 없으니까요.

만약 누군가 우리를
속인다면?

부모님 이야기에 궁금증이
생기는 건 의심일까요?

사람들은 항상 진실만을 말할까요?

우리는 가족으로부터, 또 수업 시간과 쉬는 시간에
그리고 텔레비전이나 인터넷으로부터 많은 정보를 얻습니다.
누가 진실을 얘기하고 있을까요? 우리를 사랑하는 사람들일까요?
항상 그런 건 아니랍니다! 친구와 형도 사실을 더 멋지게 꾸며서
얘기할 수 있고 거짓말을 할 수도 있어요. 그러면 척척박사 선생님이
떠올라요! 선생님이 우리를 속일 리가 없으니까요! 그런데 선생님도
틀렸다면……, 우리 마음속에 의심이 스며들겠지요.
그래도 우리는 "설마 그럴 리가?"라고 부정하며, 사람들에게 들은 것을
사실로 믿고 싶어해요. 진실에 대한 의심과 믿음 사이에서 균형을
찾아보는 것이 어떨까요?

스스로에게 이런 질문을 하는 건…

… 모든 정보의 출처를
구별해 내기 위해서랍니다.

… 모든 것을 다 안다고 말하는
사람들을 조심하기 위해서랍니다.

… 포기하지 말고 의심해 보기
위해서랍니다.

… 옳고 그름을 가려내는 힘을
기르기 위해서랍니다.

우리의 **상상**은 **사실** 일까요?

우리의 상상은 사실일까요?

우리가 상상하는 모든 것이
우리 머릿속에서는 사실입니다.

다른 사람들이 머리로
상상하는 것도 사실일까요?

나의 상상은
나 혼자만의 것일까요?

우리는 원하는 모든 것을
자유롭게 상상할 수 있나요?

현실과 상상 사이에는
어떤 차이가 있을까요?

우리의 상상은 사실일까요?

건물을 짓기 위해
상상만 하면 될까요?

건축가는 건물을 짓기 전에 먼저 상상을 해요.

상상도 하지 않고
건물을 지을 수 있을까요?

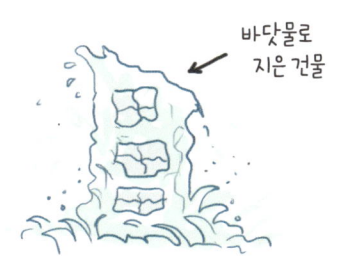

바닷물로 지은 건물

실제로 지을 수 없는 건물을
상상할 수 있을까요?

우리의 상상은 사실일까요?

영화 속 슈퍼히어로와 괴물은

어떻게 가짜 괴물인데
무서워할 수 있을까요?

가끔 괴물이나 슈퍼히어로가
되고 싶지 않나요?

실제로 존재하지 않습니다.

영화 속 인물들은 현실의 우리와
얼마나 비슷할까요?

영화는 영화만의 진실을
가지고 있지 않나요?

우리의 상상은 사실일까요?

진실은 우리가 세상을 이해하는 방법입니다.

모든 사람은 세상을 이해하는
자신만의 관점을 가지고 있나요?

함께 살아가기 위해서, 세상을 보는
시각이 같아야 할까요?

우리의 상상이 현실 세상으로부터
우리를 보호해 줄까요?

세상은 항상 우리가 상상하는
것과 다를까요?

우리의 상상은 사실일까요?

정말 용감해지려면 나 자신이 용감하다고 상상해야 해요.

오히려 현실이 우리에게 그러라고
강요하는 건 아닐까요?

우리가 부자이고, 똑똑하고,
인기 있고, 모두가 좋아하는
사람이라고 상상한다면……?

상상만으로
만족할 수는 없나요?

자신이 진짜 누구인지 헷갈리도록
상상이 우리를 속이는 건 아닐까요?

우리의 상상은 사실일까요?

우리의 마음속 한편에는 사물, 사람, 동물 등 현실에서
존재하는 모든 것이 있고, 다른 한편에는 꿈, 슈퍼히어로,
마법사처럼 상상 속 모든 것들이 있습니다.

둘 사이에는 도저히 넘을 수 없을 것 같은 경계선이 있지요.
그러나 모든 발명품도 창조되기 전에는 발명가가 상상한 것들이었어요.
새로운 것을 상상하기 위해 우리는 종종 현실에서 번뜩이는
아이디어를 얻습니다. 세상을 풍요롭게 할 새로운 아이디어와 새로운
창조물들, 그리고 과감히 새로운 도전을 하게 만드는 것은 상상과 현실
사이의 대화입니다. 끊임없는 대화를 통해서 우리는 상상을 현실로
바꿔 가고 있답니다.

스스로에게 이런 질문을 하는 건…

… 상상 속 세계와 현실 세계의 차이를 생각해 보기 위해서랍니다.

… 영웅들 이야기가 우리의 어떤 모습을 드러내고 있는지 생각해 보기 위해서랍니다.

… 상상력이 무슨 일을 하는지 알아보기 위해서랍니다.

… 사람마다 세상을 다르게 본다는 걸 깨닫기 위해서랍니다.

진실이란 무엇일까요?

글 | 오스카 브르니피에
그림 | 젤다 종크
옮김 | 김아람

초판 1쇄 발행 | 2022년 7월 25일
초판 2쇄 발행 | 2023년 7월 14일

펴낸이 | 신난향
편집위원 | 박영배
펴낸곳 | (주)맥스교육(상수리)
출판등록 | 2011년 8월 17일(제2022-000038호)
주소 | 경기도 성남시 분당구 정자일로156번길 12, 1503호(정자동, 타임브릿지)
전화 | 02-589-5133   팩스 | 02-589-5088
블로그 | blog.naver.com/sangsuri_i   홈페이지 | www.maxedu.co.kr

편집 | 김소연, 김진호
디자인 | 이지안
경영지원 | 장주열

ISBN 979-11-5571-914-5 73100

* 이 책의 내용을 일부 또는 전부를 재사용하려면 반드시 (주)맥스교육(상수리)의 동의를 얻어야 합니다.
* 잘못된 책은 구입한 곳에서 바꾸어 드립니다.

> 상수리는 독자 여러분의 귀한 원고를 기다리고 있습니다.
> 투고 원고는 이메일 maxedu@maxedu.co.kr로 보내 주세요.

어린이제품안전특별법에 의한 제품 표시
제조자명 (주)맥스교육(상수리) \ **제조국** 대한민국 \ **제조년월** 2023년 7월 \ **사용연령** 만 7세 이상 어린이 제품